Michael Bendel

Unser tägliches Brot gib uns heute

AF002824

Michael Bendel

Unser tägliches Brot gib uns heute

-Ausgewählte Predigten aus dem Jahreskreis-

Fromm Verlag

Impressum / Imprint

Bibliografische Information der Deutschen Nationalbibliothek: Die Deutsche Nationalbibliothek verzeichnet diese Publikation in der Deutschen Nationalbibliografie; detaillierte bibliografische Daten sind im Internet über http://dnb.d-nb.de abrufbar.

Alle in diesem Buch genannten Marken und Produktnamen unterliegen warenzeichen-, marken- oder patentrechtlichem Schutz bzw. sind Warenzeichen oder eingetragene Warenzeichen der jeweiligen Inhaber. Die Wiedergabe von Marken, Produktnamen, Gebrauchsnamen, Handelsnamen, Warenbezeichnungen u.s.w. in diesem Werk berechtigt auch ohne besondere Kennzeichnung nicht zu der Annahme, dass solche Namen im Sinne der Warenzeichen- und Markenschutzgesetzgebung als frei zu betrachten wären und daher von jedermann benutzt werden dürften.

Bibliographic information published by the Deutsche Nationalbibliothek: The Deutsche Nationalbibliothek lists this publication in the Deutsche Nationalbibliografie; detailed bibliographic data are available in the Internet at http://dnb.d-nb.de.

Any brand names and product names mentioned in this book are subject to trademark, brand or patent protection and are trademarks or registered trademarks of their respective holders. The use of brand names, product names, common names, trade names, product descriptions etc. even without a particular marking in this works is in no way to be construed to mean that such names may be regarded as unrestricted in respect of trademark and brand protection legislation and could thus be used by anyone.

Verlag / Publisher:
Fromm Verlag
ist ein Imprint der / is a trademark of
OmniScriptum GmbH & Co. KG
Heinrich-Böcking-Str. 6-8, 66121 Saarbrücken, Deutschland / Germany
Email: info@frommverlag.de

Herstellung: siehe letzte Seite /
Printed at: see last page
ISBN: 978-3-8416-0522-1

Copyright © 2014 OmniScriptum GmbH & Co. KG
Alle Rechte vorbehalten. / All rights reserved. Saarbrücken 2014

Inhaltsverzeichnis:

1. Adventssonntag — 3
Mehr als vorstellbar

4. Adventssonntag — 6
Gott interessiert sich für Sie

Christi Himmelfahrt — 9
Gott macht alles gut

2. Sonntag im Jahreskreis — 13
Das Prinzip des Johannes des Täufers

3. Sonntag im Jahreskreis — 16
Jesus ist unwiderstehlich

5. Sonntag im Jahreskreis — 20
Wonach schmeckt das Salz der Welt?

7. Sonntag im Jahreskreis — 23
Was ist eigentlich Liebe?

8. Sonntag im Jahreskreis — 27
Was verstehen Sie unter Lebensqualität?

15. Sonntag im Jahreskreis — 30
Jesus ist der Herr? Besser wäre das zumindest!

16. Sonntag im Jahreskreis — 34
Von Unkraut und Weizen

21. Sonntag im Jahreskreis — 38
Probieren Sie es doch aus!

23. Sonntag im Jahreskreis — 42
Auch du bist verantwortlich!

1. Adventssonntag   Mt 24, 19-44

"Sofort nach den Tagen der großen Not wird sich die Sonne verfinstern, und der Mond wird nicht mehr scheinen; die Sterne werden vom Himmel fallen, und die Kräfte des Himmels werden erschüttert werden".

Mmmmmhhhh, unangenehme Bilder, die uns da mal wieder zugemutet werden.

Es gab Phasen in der sogenannten Bibelexegese, so nennt sich das wissenschaftliche Herangehen an die Bibelauslegung, in diesen Phasen hat man versucht, alles was unangenehm ist irgendwie symbolisch zu deuten.

Oft lief das auf ein Wegdeuten hinaus. Manchmal nach dem Motto: Wir wollen das nicht mehr hören, wir picken uns nur noch aus der Bibel heraus, was uns passt.

Meines Erachtens ein Ausdruck mangelnder Ehrfurcht vor Gottes Wort. Und darüber hinaus in gewissem Sinne ein Missbrauch des Begriffes „Wissenschaft".

Sicherlich hat man wissenschaftliche Arbeitsprinzipien gewahrt, aber für mich bedeutet eine wissenschaftliche Haltung auch: Dem Wort Gottes unvoreingenommen gegenübertreten, das ganze Wort Gottes anzuhören, unangenehme Texte auch mal auszuhalten und Gott die Möglichkeit zu geben, das zu sagen was er will.

So beinhaltet für mich eine wissenschaftliche Haltung auf alle Fälle das, was man angemessene Ehrfurcht nennen kann: Ich lasse mich von der Sache her, in dem Fall vom Text des Evangeliums selbst leiten. Und nicht von dem, was ich gerne hätte.

Wie ist es aber um solche Informationen über Sonnenverfinsterungen, das Erlöschen des Mondes, das Herabfallen der Sterne bestellt? Ist das nicht doch nur schmückendes Beiwerk, um der ganzen Aussage Jesu Bedeutung zu verleihen?

Nein, ist es sicher nicht, zumal Jesus das auch nicht nötig hätte. Wenn wir allein unser Planetensystem betrachten, entdecken wir zwischen Sonne, Mond und Sternen, ein ausgeklügeltes und empfindliches Kräftegleichgewicht.

Wenn ich sage „empfindlich" heißt das nicht, das Planetensystem reagiert wie eine Mimose. Aber es wird eben nicht ewig halten. Ein paar Milliarden Jahre wird es sicher noch gut gehen, aber ein paar Milliarden Jahre sind eben nicht ewig.
Irgendwann geht das Ding kaputt und dann würde ein Beobachter auf der Erde genau die Beobachtungen machen können, die Jesus im Evangelium schildert.
Prinzipiell ist das also alles möglich.

Auf unseren Weltraum, in dem wir leben, ist also nicht prinzipiell Verlass. Selbst wenn unsere Erfahrungen seit Generationen dieselben sind und wir uns gar nichts anderes vorstellen können.

Aber da ist ja noch die Zeit. Was in Milliarden von Jahren geschieht, ist mir doch sowieso egal. Mir doch egal, ob in 1-2 Milliarden Jahren die Sterne abstürzen.

Interessant ist in diesem Zusammenhang aber Jesu Satz: *„Amen, ich sage euch: Diese Generation wird nicht vergehen, bis das alles eintrifft."*

Ach jetzt reicht es aber endgültig, könnte man einwenden. Das erzählt man den Menschen schon seit 2000 Jahren.
Also, wäre damit das heutige Evangelium eigentlich überflüssig, oder? Das könnte man ja eventuell bei den ersten Himmelsstörungen wieder ausgraben.

Aber Jesus erzählt es uns trotzdem. Wir können entweder glauben, dass diese Informationen für uns wichtig sind, oder es sein lassen.

Auf alle Fälle ist Jesus davon überzeugt, dass wir Menschen eine unsterbliche Seele haben. Dieser Seele würden auch noch so viele Milliarden Jahre nichts nützen.
Dann gäbe es kein „nach mir die Sintflut". Dann wäre das hier Beschriebene so etwas, wie ein Tor, durch das wir alle irgendwann mal durchmüssen.

So gesehen wäre also auch auf die Zeit, die wir tagtäglich erleben, nicht wirklich Verlass.

Meine lieben, die Physik hat sich schon lange davon verabschiedet, absolute Aussagen zu machen. Wir erleben den Raum in dem wir leben und erfahren und die Zeit, die sprichwörtlich vergeht.
Fast kann man sagen: Beide sind uns zuliebe so, dass wir damit etwas anfangen können.
Aber sie sind nicht grundsätzlich so.

Absolut ist allein Gott. Absolut gut übrigens. Genau deshalb hören wir in diesen ganzen chaotischen Schilderungen einen ganz bestimmten Satz Jesu, der für uns allerhöchste Bedeutung hat:
„Himmel und Erde werden vergehen, aber meine Worte werden nicht vergehen".

Auf Jesus, auf Gott allein ist Verlass. Egal welchen Gesetzmäßigkeiten irgendeine zukünftige, neue Welt folgen mag. Immer ist das Wort Gottes, das menschgewordene Wort Gottes, ihre Grundlage.
Nur so kann sie existieren und Bestand haben.

Und so ist die eigentliche Hauptaussage des heutigen Evangeliums:
Die Rettung liegt nicht in unserem Weltraum, nach dem Motto: Irgendwo werden wir alles Nötige schon finden.

Die Rettung liegt auch nicht in der Zeit, nach dem Motto: Irgendwann werden wir das schon herausfinden.

Die Rettung kommt allein von unserem Gott, der Mensch geworden ist.
Genau das gilt es sich im kommenden Advent erneut zu Gemüte zu führen.

4. Adventssonntag Mt 1, 18 -24

Heute vor einer Woche haben ein paar Messdiener und ich uns ins Pfarrheim gesetzt und uns das Evangelium des heutigen Tages vorgenommen. Wir haben ein sogenanntes Bibelteilen gemacht. Gebetet und überlegt, was Gott uns damit sagen will.

Erst gestern habe ich einen passenden exegetischen, einen bibelwissenschaftlichen Kommentar dazu gelesen. Der widersprach interessanterweise unseren Pfarrheims-Erkenntnissen nicht, war aber bei weitem nicht so lebendig und für meinen Geschmack nicht so ergiebig, wie unsere Ideen.

An unseren Pfarrheims-Erkenntnissen will ich Sie heute teilhaben lassen. Wobei Sie das erste Ergebnis bereits kennen: Das war das Kyrie, das sie eben hören konnten.

Ein weiteres Pfarrheimprodukt wird ihnen dann nachher in den Fürbitten vorgestellt. Wir haben lange daran gefeilt, bis die Formulierungen für uns zufriedenstellend waren. Wobei die Zeit wirklich drängte, die Jungs mussten unbedingt zur Sportschau.

Doch jetzt zu den weiteren Ideen. Ein ganz wesentlicher Punkt, der uns auffiel, war das Eingreifen Gottes in das Leben der Menschen. Josef wird im Traum von einem Engel in den Plan Gottes eingeweiht, sozusagen in die Spur gebracht.

Es gibt einige Zeitgenossen, die würden dem sofort widersprechen. Die sehen die Welt als eine Art Uhrwerk an. Das Gott zwar irgendwann mal erschaffen hat, das er dann aber sich selbst überlassen hat und das seitdem, wie ein Uhrwerk rein mechanisch abläuft.

Die biblische Erzählung sagt dagegen etwas anderes. Gott hat die Welt nicht sich selbst überlassen, sondern begleitet sie und leitet die Menschen an.

Können sie das Glauben? Dass Gott sich einzelnen Menschen, auch ihnen mitteilt? Dass er auch ihnen persönlich vermitteln will, was aus seiner Sicht sinnvoll wäre?

Ein bisschen von diesem Mitteilen Gottes haben wir, meiner Meinung nach, letzte Woche im Pfarrheim erlebt. Ich sagte es eben, die Hl. Schrift wurde auf einmal sehr lebendig und sehr ergiebig.

Der zweite Punkt, der uns auffiel war, dass Gott anscheinend Menschen aussucht, die schon aus menschlicher Sicht als gerecht gelten. Josef hat es ja von sich aus gut mit Maria gemeint.

Ich finde es grass, auf einmal zu bemerken, dass die eigene Verlobte schwanger ist, und das im Falle Josef, definitiv nicht von ihm. So einen Klops muss man erst mal schlucken.

Trotzdem übergibt Josef Maria nicht dem Gesetz und der Gefahr des Todes, sondern er will sich in Stille zurückziehen. Eine bemerkenswerte Haltung. Besonders wenn man bedenkt, was für Entgleisungen die Eifersucht manchmal unter den Menschen hervorruft.

Ich glaube, Gott sucht sich automatisch Menschen, die zu ihm passen. Die Theologie sagt: Gottes Gnade setzt unsere Natur voraus. Einen Menschen, der kein gutes Herz wie Josef gehabt hätte, hätte Gott wahrscheinlich gar nicht fragen müssen, ob er sich auf so ein Unterfangen einlassen würde. Dieser Mensch hätte Gott sicherlich gar nicht wahrgenommen.

Um Gottes Willen erstmal zu erforschen, muss der Mensch an der Verwirklichung eines guten Herzens arbeiten, sonst versteht er Gott nicht.

Wenn er es dann zu einem solchen guten Herzen gebracht hat, zu einem gerechten Menschen geworden ist, dann ist allerdings kein ausruhen und Beine hochlegen angesagt, dann geht der Spaß erst richtig los.

Ja, meine Lieben, so ist unser Gott. Wer ihm den kleinen Finger gibt, von dem will er die ganze Hand, von dem will er alles.

Das musste auch Josef einsehen. Der Arme hat versucht nach bestem Wissen und Gewissen zu handeln und trotzdem wollte Gott noch was ganz anderes.

Wie ist das mit uns? Interessiert uns eigentlich der Wille Gottes? Oder neigen wir manchmal ein bisschen dazu, lieber im Trüben zu fischen, vielleicht unser Gewissen zu übertönen, weg zu hören? Das gab es auch schon im alten Testament beim Propheten Jona. Der hatte ja nun gar keinen Bock den Willen Gottes zu tun.

Oder ihr Vikar, der hat sich auch jahrelang drum rum gedrückt, bis er endlich „ja" zum längst erkannten Willen Gottes gesagt hat.

Es stellt ein großes menschliches Problem im Umgang mit Gott dar. Wir Menschen wollen oft nicht hören, verdrängen was Gott von uns will. Weil Gott oft auch unbequeme Forderungen stellt.

Manchmal ist er ja halt schon ein bisschen extrem unser Gott. Besonders wenn es um die Rettung und die Erlösung von dir und mir geht, da kennt er keine faulen Kompromisse.

Da mutet er sich und allen Beteiligten alles zu.

Für den Verstand ist das fast nicht mehr nachvollziehbar, das versteht allein die Liebe, die bereit ist sich selbst zu geben, die bereit ist alles zu geben.

Christi Himmelfahrt   Mt 28, 16 -26

Nachdem wir gerade erlebt haben, dass der Deutsche Alexander Gerst seine Himmelfahrt zur Raumstation absolviert hat, lädt der heutige Festtag doch besonders dazu ein, darüber nachzudenken, was denn mit der Himmelfahrt Christi gemeint sein könnte.

Der erste Mensch, Juri Gagarin, flog bereits 1961 ins All und berichtete, dass er dort nirgendwo Gott gesehen hätte. Ein kleines Späßchen, das zwar wissenschaftlich niemanden interessierte aber wahrscheinlich den Propagandaleuten der kommunistischen Kader in der damaligen atheistischen UdSSR geschuldet war.

Trotzdem wirft es die Frage auf: Was ist denn eigentlich mit Himmel gemeint, wenn wir hören: Jesus ist dorthin aufgefahren. Der Weltraum kann es ja anscheinend auch nicht sein. Es ist nur ein weiterer Raum, wie z.B. unser Schlafzimmer, der Raum Paderborn oder ähnliche. Lediglich die

Lebensqualität dürfte im Weltraum weitaus schlechter sein. Ein Überleben ist nur mit immensem technischem Aufwand möglich.

Aha, vielleicht eine erste Spur.
Bei der biblischen Rede vom Himmel geht es um Lebensqualität. Wir haben ja schon viele Lebensräume auf der Erde, die nebeneinander existieren. Überall leben Menschen, aber sicher ist die Lebensqualität im fruchtbaren Münsterland besser, als in der Arktis oder z.B. in einem kargen Wüstenstreifen.

Lebensqualität spielt für uns Menschen eine große Rolle. Wir tun alles, um sie zu verbessern, um den Lebensstandard zu erhöhen. So kann es passieren, dass schon in ein und derselben Straße, vielleicht an einem Ende in einer Familie ein hoher Lebensstandard herrscht und ein paar Häuser weiter bittere Armut.

Selbst ein und derselbe Mensch kann an ein und demselben Ort, seine Lebensqualität ganz unterschiedlich beurteilen. Denken sie nur mal daran, was eine plötzliche Krankheit oder ein sonstiger Schicksalsschlag auslösen kann. Und selbst damit gehen unterschiedliche Menschen höchst unterschiedlich um: Sie fügen sich vielleicht in ihr Schicksal oder lehnen sich dagegen auf. Ein und derselbe Lebensraum, ein und dieselbe Lebensqualität, und trotzdem ganz unterschiedliches Erleben und Urteilen des Menschen.

Es existieren also an ein und demselben Fleck Erde ganz unterschiedliche Lebensmöglichkeiten mit ganz unterschiedlicher Lebensqualität gleichzeitig nebeneinander. Ähnlich wie auf einem Fernseher auch unterschiedliche Sender gleichzeitig existieren mit ganz unterschiedlicher Programmqualität. Einer dieser Lebensräume ist der Himmel, von dem Jesus sagt, der Himmel, das Reich Gottes ist schon mitten unter uns.

Per Definition kann man sagen: Der Himmel ist der Lebensraum mit der höchsten Lebensqualität, hier ist wirklich alles ganz gut und wird von jedem, der ihn erlebt als ganz gut bezeichnet.

Aber wie kommen wir in diesen Lebensraum? Wie können wir unseren Lebensempfänger auf diesen Sender einstellen?

Ganz einfach, indem wir uns auf Jesus einstellen, auf seine Lebensweise, sein Denken, sein Fühlen in dieser Welt. Je mehr wir dazu bereit sind, umso mehr geschieht das, was Jesus seinen Jüngern vor der Himmelfahrt gesagt hat: Wenn ich von der Erde erhöht bin, werde ich alle an mich ziehen.
Er zieht uns an durch seine Liebe, die wir wahrnehmen können, ungefähr als Geborgenheit bei ihm sind.
Natürlich gibt es Störsender in der Welt, alle möglichen Ablenkungen. Gebet würde da bedeuten: Seinen Empfänger in der Stille immer mehr auf Jesus zu justieren. Damit man in ihm immer mehr das Programm des Himmels, des bei Jesus, des beim Vater sein empfängt.

Natürlich ist das oft nicht leicht. Schon Jesus sagt: Eng und steinig ist der Weg, der zum Leben führt und nur wenige finden ihn.

Seinen eigenen Empfänger auf Jesus einzustellen, heißt auch auf vieles zu verzichten, was mich von ihm ablenkt, was mich davon abhält selbst zu seinem Himmel aufzufahren. Ähnlich den Ballons in der Pionierzeit der Fliegerei, die auch Ballast abwerfen mussten, um aufsteigen zu können.

Nachfolge Jesus bedeutet auch Kreuzweg. Manchmal ist es so: Je mehr ich mich für Jesus entscheide, umso mehr Probleme bekomme ich in dieser Welt. Und es gibt auch in unserer Europäischen Union bereits viele

Schikanen, denen Christen ausgesetzt sind. Trotz der viel im Munde geführten Toleranz.

Aber, ob ich mich auf einen schweren, steinigen Kreuzweg einlassen kann oder nicht, hängt grundsätzlich von einer Frage ab: Glaube ich an ein gutes Ende, oder nicht. Glaube ich, dass es nötig ist, diesen Kreuzweg trotz allem zu gehen, oder nicht?

Denken sie an einen Zahnarztbesuch, Lust darauf hat wahrscheinlich kaum einer. Trotzdem geht man, weil man an ein "Ende gut, alles gut" glaubt.

Genau dieses "Ende gut, alles gut". Ist der Hauptinhalt unserer christlichen Religion, es ist die Hauptaussage von Himmelfahrt.
Trauer, Leid, Anstrengung usw. bleiben keinem Menschen in der Welt erspart, jeder hat sein Kreuz zu tragen. Die Frage ist, wie gehe ich damit um. Wer an ein "Ende gut alles gut" glaubt, findet in diesem Glauben die Kraft so manches zu ertragen.

Der christliche Glaube stärkt also schon in dieser Welt, macht das "unausweichliche Schicksal" erträglich. Und der christliche Glaube hilft unseren Empfänger auf den Empfang Christi einzustellen, der unsere Navigationshilfe in den Himmel ist.
Der Weg, die Wahrheit und das Leben.

Führen wir uns das immer wieder besonders dann zu Gemüte, wenn wir resignieren wollen. Allen Störsendern dieser Welt zum Trotz lohnt es sich Christ zu sein und allem Spott der Welt zum Trotz lohnt es sich Jesus nachzufolgen.

Lassen sie sich nicht die Butter vom Brot nehmen!

2. Sonntag im Jahreskreis   Joh 1, 29 - 34

Momentan nimmt Johannes der Täufer wieder viel Platz ein in den Evangelien in der Messe.

Er ist es auch, der gegenüber Jesus gesagt hat: Dass Jesus wachsen und er Johannes abnehmen muss.
Sicherlich ist nicht gemeint, dass Jesus einen dicken Bauch bekommen soll, während Johannes Diät macht um abzunehmen.
Johannes meint, dass immer klarer werden soll, dass Jesus, sein Leben, seine Ansichten und seine Lehre sinnvoller sind, als alle rein menschliche Weisheit und wenn menschliche Ansichten mit den Ansichten Jesu konkurrieren, sollten die menschlichen nachgeben und sich den Ansichten Jesu annähern.

Warum? Das sagt Johannes auch:
Weil Jesus der Sohn Gottes ist und uns mit Heiligen Geist tauft, während wir Menschen immer nur mit Wasser kochen.

Johannes der Täufer wurde in der Kunst immer mit einem gaaaanz langen Zeigefinger dargestellt. Vielleicht haben sie schon mal solche Bilder, oder Figuren von ihm gesehen; ein wirklich faszinierender Mann.

Ich glaube von Johannes können wir lernen Folgendes zu unterscheiden:
- Kirchliches Tun, in der Liturgie von nicht-kirchlichem Tun
- Christliches Gebet von nicht-christlichem Gebet
- Christliches Leben von nicht-christlichem

Ich will hier nichts und niemanden schlecht machen. Mir macht selbst vieles Spaß, obwohl es nichts mit der Kirche oder der Bibel zu tun hat.

Ich will auch in keiner Weise an der Frömmigkeit Andersgläubiger herummäkeln, oder ihr Gebet schlecht machen.
Ich will auch keinerlei nicht-christliche Lebensentwürfe in Frage stellen.
Ich will überhaupt niemandem etwas vorschreiben.

Aber, die Kirche ist nun mal die Kirche unseres Herrn Jesus Christus.
Und es gibt viele Menschen auf der Welt, die haben sich bewusst entschieden Christen zu sein, sogar in Verfolgungssituationen.

Und ich muss sicher kein Prophet sein, wenn ich behaupte, dass es unter uns Christen durchaus hochmotivierte Menschen gibt, die ihr Christsein vertiefen wollen. Die Jesus bewusst nachfolgen wollen, die bewusst daran arbeiten wollen, dass Jesus in ihrem Leben wächst und alles andere in ihrem Leben, ja in gewissem Sinne sie selbst abnehmen.

Wer das auch will, der muss sich nicht viel merken.
Es gibt ein Grund-Prinzip, das die Spreu vom Weizen trennt. Von dem alles andere abhängt.
Ein Prinzip. das die Grundlage allen kirchlichen Tuns bildet,
das der Hintergrund ist, auf dem allein christliches beten stattfindet,
das die Grundmotivation ist, die ein rein soziales Handeln zu christlichem Handeln werden lässt,
das einen guten Menschen zu einem guten Christen macht.

Ich nenne es: das Prinzip von Johannes dem Täufer:
Der auf Jesus zeigt und ihn in die Mitte stellt.
Das will die Liturgie der Kirche.
Deshalb liest sie aus der Bibel vor.
Deshalb spendet die Kirche die Sakramente

Um einer möglichst intensiven Begegnung mit Jesus zu dienen, um ihn allein erfahrbar machen.
Dasselbe gilt für christliches Gebet, es soll Begegnung mit Jesus sein, soll ihn erfahrbar machen.
Selbst Soziales Tun, aus christlicher Motivation, aktive Nächstenliebe soll diesem Ziel dienen: Jesus erfahrbar machen.

An diesem Wochenende, an diesem Sonntag haben wir wieder das „Ewige Gebet" in Form der eucharistischen Anbetung.
Wir stellen den Leib des Herrn auf den Altar, weil wir glauben, dass uns Jesus selbst in diesem Brot begegnet.
Eine uralte Frömmigkeitsform der Kirche, die auch dem Prinzip des Johannes dient. Jesus wird sichtbar in den Mittelpunkt gestellt, um dir und mir die Begegnung mit ihm zu ermöglichen.

Neben vielen toll gestalteten Gebetsstunden gibt es auch Phasen der stillen Anbetung. Vielen Menschen fällt es heute schwer Stille auszuhalten, vielleicht muss das unsere oft laute, hektische Zeit erst wieder lernen.

Denn auch die Stille ist schon sehr aussagekräftig, wieder nach dem Prinzip des Johannes. Stellen sie sich einen Menschen vor, den sie von Herzen lieb haben. Sie sind glücklich, wenn sie ihm begegnen. Sie sagen vielleicht: Wie geht es dir, erzähl doch mal. Er erzählt und sie werden still, nehmen ab, damit der oder die Geliebte wachsen kann. Damit er oder sie den Raum allein mit seiner Anwesenheit füllen kann.

Und sie? Sie gehen ja nicht leer aus. Sie genießen ganz selbstvergessen seine Gegenwart. Ich glaube, das könnte ein Zugang auch einmal zur stillen Anbetung sein.

Allein denjenigen zu Wort kommen lassen von dem Johannes bezeugt, dass uns in ihm das Heil geschenkt ist.

3. Sonntag im Jahreskreis　　　　　　　　　　　　　　Mt 4, 12 -23

(Angelehnt an das Fest der Bekehrung des Apostels Paulus!

Was für eine Wahnsinns-Ausstrahlung muss Jesus gehabt haben, als er als Mensch über unsere Erde gelaufen ist?
Er begegnet am Ufer des Sees Genezareth Petrus und Andreas. Er sagt ganz schlicht zu ihnen: „Lasst alles stehen und liegen und folgt mir nach!"
Und sie tun das.

Im zweiten Fall wird das noch grasser. Jakobus und Johannes lassen ihren eigenen Vater allein zurück und folgen Jesus.

In der heutigen Zeit scheint der Glanz Jesu dagegen verblasst zu sein. Jesus nachfolgen? Massenbewegungen ruft das nicht hervor.
Wer glaubt noch daran, dass er Gottes Sohn ist? Dass er einzigartig ist?
Viele halten das für unzumutbar gegenüber anderen Religionen.
Und hat nicht das 2. Vat. Religionsfreiheit gefordert?
Der Heilige Geist wirkt doch überall.
Und lautet nicht die eigentliche Botschaft Jesu: Habt euch alle einfach ein bisschen lieb?
Wer kann auch schon behaupten, dass er die ganze Wahrheit gepachtet hat?
Ein berechtigter, vielleicht sogar gesunder Geist des Zweifels?

Wie dem auch sei, leider lockt aber ein solcher Zweifelgeist auch keine Katze hinter dem Ofen hervor. Um jemand nachzufolgen und sich seiner Sache hinzugeben, dafür muss ich begeistert sein. Gibt unser Jesus das her?

Jesus, der von sich sagt: „Ich bin der Weg, ich bin die Wahrheit und ich bin das Leben!" Dafür wurde er gekreuzigt und diese Aussage mutet er seitdem allen zu, die ihm nachfolgen. Ist das vernünftig?

Viele Menschen sehen darin eher religiösen Fundamentalismus. Sie halten eine solche Einstellung für gefährlich.
Viele Menschen bekämpfen deshalb sogar die Kirche, auch in unserem Land. In vielen Ländern der Welt werden Christen auch heutzutage für diesen Glauben verfolgt.

Keiner dieser Kirchengegner oder -verfolger handelt dabei aus reiner Bosheit. Die allermeisten glauben vernünftig zu handeln, oder Gott einen Dienst zu erweisen.
Genau, wie es ein hochgebildeter Saulus getan hat. Er war der Meinung, dass es notwendig ist, die Christen zu verfolgen.

Doch dann begegnet auch Saulus Jesus. Diese Begegnung haut ihn sprichwörtlich aus dem Sattel. Das krempelt sein ganzes Leben um. Aus dem Christenverfolger Saulus wird ein glühender Anhänger Jesu. Aus dem Saulus wird ein Paulus. Die Kirche hat dieses Fest –Bekehrung des Apostels Paulus- gerade gefeiert.

Mir ging es im Leben ähnlich, wenn auch bei Weitem nicht so spektakulär. Ich dachte als junger Mann: Es reicht ein bisschen nett zu sein, interessierte mich zwar für alles was irgendwie mit Religion zu tun hatte, dachte aber dass der Hinduismus sicher das Beste sei, weil da kann so ziemlich jeder glauben was er will.

Allerdings hat mich diese „Beliebigkeit" nicht froh gemacht. Im Gegenteil, ich wusste damals mit mir und meinem Leben rein gar nichts anzufangen.

Aber auch mir begegnete Jesus Christus und diese Begegnung krempelte auch mein Leben komplett um. Innerhalb von wenigen Wochen war auch ich Feuer und Flamme und teilte in uneingeschränktem Maße die komplette Lehre der Kirche, sogar die sperrigen Teile.

Ich habe zwar bis heute vollstes Verständnis für die kritische Haltung so vieler Zeitgenossen gegenüber der Kirche, aber ich bleibe dabei, dass es sich hier um den erwähnten Zweifelgeist handelt.
Es kann jedem jederzeit passieren, dass Jesus ganz neu und mit Kraft in sein Leben tritt und das ganze Leben, ja das ganze Denken umkrempelt.
Es passiert genau das, was im Katechismus steht. Der Glaube ist ein Geschenk Gottes. Wir können aus eigener Kraft den Glauben nicht verstehen. Der Heilige Geist öffnet die Augen unseres Verstandes und wir erkennen unzweifelhaft, dass der Glaube wahr ist.

Der Zweifelgeist wird vom Heiligen Geist vertrieben!
Und der Hl. Geist legt allein für Jesus Zeugnis ab. Und das in einem Maße, das pure Begeisterung schenkt.
Wo dieser Geist Gottes einzieht, da sieht das Volk, das im Dunkeln lebt ein helles Licht, genau wie es im heutigen Evangelium beschrieben wurde.
Da geht ihnen ein Licht auf, da erkennen sie ihn. Jesus selbst ist dieses Licht.

Wer diesem Jesus folgt, der braucht auch keine Angst vor eigener Gewalttätigkeit zu haben, es sei denn, dass er vom Weg Jesu abweicht.

Jesus Christus leidenschaftlich und radikal zu folgen heißt eben nicht gewaltsame Mission, sondern Gott zu lieben mit ganzem Herzen, mit aller Kraft und den Nächsten wie sich selbst.

Radikale Jesus-Nachfolge ist nicht das Problem und ist es nie gewesen. Probleme traten immer erst da auf, wo sich wieder der Zweifelgeist breit machte, wo man Jesu Botschaft nicht ernst nahm und man glaubte, dass der Zweck so manches Mittel heiligt.
Und noch etwas ganz Interessantes kann man bei der Bekehrung des Apostels Paulus entdecken. Trotz aller Veränderung, blieb er sich doch selbst treu. Der Hl. Geist nahm seinen ganzen feurigen Eifer in Dienst und zwar für Christus.
Der Wunsch des Saulus, Gott mit aller Leidenschaft und Hingabe zu dienen, wurde endlich wahr, als er zum Paulus wurde!
Seine innigsten Sehnsüchte erfüllten sich.

Auf diesem Hintergrund bekommt das Gebot Jesu, sogar für die eigenen Verfolger zu beten, einen ganz neuen Sinn.
Das lässt sogar in Verfolgungssituationen Hoffnung zu.

Du kannst Jesus vertrauen. Er unterzieht dich keiner Gehirnwäsche.
Du kannst entdecken, dass er der Anwalt deines Herzens ist.
Er hilft dir, Dich sinnvoll zu verwirklichen. Selbst wenn Du an Dir vielleicht vieles nicht magst, vielleicht sogar als Sünde ansiehst.
Gott kann mit dir etwas anfangen.
Er kann dich ganz in Dienst nehmen für die Menschen!
Und auch, damit du endlich glauben kannst, dass auch Du ganz liebenswert bist.

5. Sonntag im Jahreskreis   Mt 5, 13 - 16

Jeder, der schon mal gekocht hat, weiß: Eine Suppe wird erst wirklich lecker und begehrenswert, wenn sie gesalzen ist. Sonst schmeckt sie sprichwörtlich wie eingeschlafene Füße. Laaaangweilig!
Sowas mag keiner.

Ein bisschen von dieser ungesalzenen Suppe hat unsere Kirche heute. Und gerade viele Jugendliche denken bei Kirche nur noch: Laaaangweilig.

Was bedeutet es das „Salz der Welt" zu sein? Wie kann man den Geschmack herausarbeiten?

In Jesu Worten entdecke ich unterschiedliche Aspekte:
- Es scheint einen ganz spezifischen Geschmack zu geben, der nur durch die Kirche eingebracht werden kann, der uns erst zum Volk Gottes macht.
- Die Welt wird in keiner Weise schlecht gemacht, genauso wenig, wie eine ungesalzene Suppe.
  Aber aus sich heraus fehlt es ihr an Geschmack.
- Es geht nicht um Massenbekehrungen, es soll ja nicht die ganze Suppe zu Salz werden.
- Wir haben anscheinend die Aufgabe die Welt auf den Geschmack kommen zu lassen.

Aber was für ein Geschmack soll das sein? Was sollen wir tun?

Ein paar Zeilen vorher stehen im Evangelium die Seligpreisungen.

Selig die arm sind vor Gott! Menschen, die sich nichts mehr auf ihre eigene Kraft einbilden, auf Geld, Verstand, Lobby. Menschen, die wissen, dass sie immer auf Gottes Hilfe angewiesen sein werden.

Selig die Trauernden! Keine Macher, die alles im Griff haben. Keine Selbstdarsteller, die das Rampenlicht suchen.
Trauernde, wissen nicht mehr weiter, sind auf Hilfe angewiesen. Und es gibt viel zu weinen, wenn man die Augen vor dem Elend der Welt nicht verschließt.

Selig, die keine Gewalt anwenden! Menschen, für die der Zweck nicht die Mittel heiligt, die nicht über Leichen gehen, um ihren Kopf durch zu setzen. Die sogar die Hände in den Schoß legen, wenn sie merken, hier geht es nicht weiter. Die sogar gewaltlos bleiben, wenn sie um der Gerechtigkeit willen verfolgt werden. Wenn sie gemobbt werden, weil sie zu Jesus gehören.

Man könnte diese menschliche Seite der Seligpreisungen mit einem Wort zusammenfassen: Ohnmacht.
Und das soll das mein Weg sein?
Das soll der Geschmack des Salzes sein?

Nein, das ist nicht der Geschmack des Salzes. Darin wird deutlich, dass alle Menschen im selben Boot sitzen. Unser Leben wird in weitestem Maße durch Ohnmacht bestimmt. Wir sind trotz allen Fortschrittes davon abhängig, dass möglichst viel in unserem Leben gut geht.
Man müsste eigentlich zugeben: An Gottes Segen ist alles gelegen.

Dadurch kommt die zweite Seite der Seligpreisungen in den Blick. Das Handeln Gottes. Die Verheißung, dass Gott schenken wird, was wir unbedingt brauchen, aber nicht machen können.

Der Geschmack in der Suppe kommt durch den Glauben, dass Gott selbst neuen Schwung in die Sache bringt.
Der kommt durch den Glauben, dass Gott alles zum Guten führen will und kann.
Dass er jederzeit trösten kann, selbst wenn wir längst mit unserem Latein am Ende sind.
Dass er uns trotz vollkommenen Gewaltverzichtes Recht verschaffen kann.

Dieser Glaube ist natürlich unvereinbar mit der Meinung, dass mit dem Tod alles aus ist. Wenn das so wäre, hätte Jesus am allermeisten drauf gezahlt.

Dieser Glaube ist natürlich eine Zumutung für die Welt, die immer wieder merkt, dass sie nicht aus eigener Kraft alle Probleme lösen kann, obwohl sie das doch so gerne können würde.

Dieser Glaube ist eine Unverschämtheit für alle menschlichen Allmachts-Fantasien.

Was sie persönlich von diesem Glauben halten, ist natürlich ihre eigene freie Entscheidung.
Für mich ist es aber eine Tatsache, dass man dem Salz den Geschmack nimmt, indem man alles aus dem Glauben streicht, was sich die Welt nicht vorstellen kann oder was auf den ersten Blick unbequem scheint.

Laut Bibel mutet Gott uns zu, dass er allein uns erlöst sein ist.
Wobei die größte Zumutung des modernen Menschen zu sein scheint, dass er damit völlig von Gott abhängig ist.

Und dass er letztlich mit all den hilflosen Menschen auf dieser Welt in einem Boot sitzt.

Ich soll sein, wie dieser arme Bettler?
Ich soll sein, wie dieses Mobbing-Opfer?
Ich soll sein, wie dieser Flüchtling auf Lampedusa?
Ich bin auf die Hilfe anderer, auf die Hilfe Gottes angewiesen?

Ja, der Glaube ist immer persönliche Entscheidung. Religionsfreiheit bedeutet, dass diese Entscheidung in keiner Weise von außen –Staat, Gesellschaft, Kirche- beeinflusst werden darf.

Aber ich glaube, dass wir uns lediglich zwischen zwei biblischen Figuren entscheiden können:

Zwischen dem Mann, der traurig von Jesus weg ging, weil er ein reicher Mann war.
Und Petrus, der vielleicht sogar ein bisschen resignierend sagte: Wohin sollen wir gehen? Du Herr allein hasst Worte des ewigen Lebens.

Der Geschmack des Salzes ist Jesus selbst. Und die Kirche ist das Salz der Welt, wo sie sich für die Option des Petrus entscheidet.

7. Sonntag im Jahreskreis — Mt 5, 38 - 48

Was ist eigentlich Liebe?
Kaum ein Wort der deutschen Sprache hat so eine weite Bedeutung.
Es können zwei Menschen von Liebe reden und dabei das völlige Gegenteil meinen.

Für viele hat Liebe auch nichts mit Gott zu tun.
Überhaupt ist Gott selbst für sie doch recht unverbindlich.

Viele glauben, dass man sich im Supermarkt der religiösen Angebote nach Herzenslust selbst einen Gott zusammen basteln kann.
Eine merkwürdige Vorstellung von Gott. Man könnte vermuten: Diese Menschen nennen ihren persönlichen Geschmack Gott.

Manche berufen sich dabei sogar auf Jesus und sagen: Jesus hat doch das Gesetz aufgehoben und an dessen Stelle einfach die Liebe gesetzt.
Und für viele Zeitgenossen ist Liebe eigentlich nicht mehr als irgendein Gefühl, das sie zu einem anderen Menschen haben.
Wenn das Gefühl dann verschwindet, ist man auch an den Menschen nicht mehr gebunden. Man hat halt keine Gefühle mehr für ihn.
Liebe ist in den Augen dieser Menschen nicht mehr als die höchste Form der Genüsse.

Ich hatte mal eine gute Bekannte, die war ein durchaus netter Mensch. Sie war aber auch der Ansicht, dass ihr Partner lediglich das Sahnehäubchen auf dem Genuss, ihres Lebens sei.
Eine merkwürdige Vorstellung von Liebe.
Man könnte sagen: Hier werden Menschen konsumiert.

Kein Wunder, dass eine solche Sicht z.B. die kirchliche Ehelehre als hart und unmenschlich ansieht und immer wieder Lockerungen fordert.
Wenn man sich allerdings diese Sicht der Liebe genauer anschaut, entpuppt sie sich hier nur noch als ein Gefühl von vielen anderen.

Aber kommen wir zurück zu Jesus: Hat er wirklich das alttestamentliche Gesetz abgeschafft?
Will auch er nur, dass wir Menschen schöne Gefühle haben? Konkurriert er dabei vielleicht mit anderen Gefühlsdesignern?

Ich glaube nicht! Jesus hat nach eigenen Angaben kein Gesetz abgeschafft. Im Gegenteil, er hat es radikalisiert.
Da reicht kein Auge um Auge Zahn um Zahn mehr. Das ist Schnee von gestern! Bei Jesus heißt es allen Ernstes: Wenn Du auf die linke Wange geschlagen wirst, halte auch die rechte hin.
Oder: Du sollst nicht nur Deine Freunde lieben, das kann jeder.
Du sollst alle Menschen lieben, sogar Deine Feinde.

In gewisser Weise war Jesus, ein radikaler Fundamentalist. Aber das Fundament auf dem er stand, war die Liebe Gottes. Jesus war zu keinen faulen Kompromissen bereit.
Er wusste, dass sich jeder faule Kompromiss irgendwann rächen wird.

Jesus ist sicherlich nicht der Diener unser Gefühlsdesigner, das ist zweitrangig.
Aber er lehrt uns, was es heißt zu lieben, trotz aller Lieblosigkeit in der Welt. Dem Bösen zum Trotz!

Jesus zeigt uns die richtigen inneren Haltungen, man nennt das klassischerweise Tugenden, die dem Mensch helfen zu lieben und die wiederum von der Liebe gefördert werden. Sozusagen mal das Gegenteil eines Teufelskreises.

Das Gesetz kann die Liebe nicht hervorbringen, das kann allein der Geist Gottes. Aber das kann er nur, wenn wir willentlich mitmachen. Wenn wir bereit sind die vom Gesetz skizzierten Haltungen einzunehmen.
Das Gesetz hält mich ab von falschem Konsumdenken.
Liebe ist in christlichem Sinn Ganzhingabe und damit das Gegenteil von übersteigertem Konsum.

Ganzhingabe an Gott. Das ist auch gemeint, wenn wir in der Lesung hören seid heilig, denn Gott ist heilig. Man könnte auch sagen:
Seid Liebe, denn Gott ist Liebe.

Die Liebe sucht nicht ihren Vorteil, die sucht nicht möglichst schöne Gefühle zu bekommen. Die größte Liebe ist laut Jesus, sein Leben hinzugeben für seine Freunde.

Jesus stellt radikale Ansprüche an uns. Jeder, der z.B. mal stinkwütend auf jemand war oder der mal zutiefst verletzt wurde von jemand, der weiß genau, wie schwer es ist, auch die zweite Wange hinzuhalten. Der weiß genau, wie schwer es ist, von Herzen zu vergeben, keine Rache zu üben usw.
Aber dadurch nimmt das Lamm Gottes die Sünde der Welt hinweg.
Und in welchem Maße das geschehen kann, hängt von jedem oder jeder Einzelnen ab.
Heiligkeit, die in der heutigen Lesung gefordert wurde, bedeutet aus christlicher Sicht nichts anderes als Liebesfähigkeit und die wiederum nichts anderes als die Fähigkeit zur Selbsthingabe.
Zum freiwilligen Verzicht zugunsten aller Beteiligten.

Das ist unter Umständen kein Zuckerschlecken. Aber andererseits, Halbherzigkeiten haben noch niemand begeistert.
Und wir alle wollen von etwas oder jemand begeistert sein. Und uns Menschen geht es nie so gut wie da, wo er wir uns hingebungsvoll einer Sache oder einer Person widmen können.

Man sagt zu recht: Solche Menschen sind selig. Das höchste der Gefühle scheint dabei sogar positive Begleiterscheinung zu sein.

Theresia von Avila hat recht, wenn sie sagt: „Ihr könnt alles haben, aber kommt zuerst zu Gott".

Eine solche Hingabe, eine solche Liebe können wir nicht leisten. Liebe ist eine göttliche Tugend, eine Lebenshaltung, die Gott durch seinen Geist in uns erzeugen will.
Daran arbeitet er ununterbrochen.
Auch hier und jetzt, durch Wort und Sakrament.

8. Sonntag im Jahreskreis   Mt 6, 24 -34

Machen sie sich auch so gerne Sorgen?
Dieses zweifelhafte Hobby scheint weit verbreitet zu sein.
Es könnte ja ständig was Schlimmes passieren.
Komische Einstellung? Aber vielleicht gar nicht so weit hergeholt. Ein Theologe hat mal gesagt, uns Deutschen könnte man alles nehmen, außer unserer Bedenken.

Da könnte was dran sein. Vielleicht sind unsere Tugenden, Fleiß, Genauigkeit, Ordnungssinn, nur die Kehrseite unterschwelliger Angst. Vielleicht der unbewusste Versuch, die Angst allein durch eigene Kraft zu überwinden?

Und das Ganze lässt man sich was kosten. Für Versicherungen jeglicher Art, oder die Gesundheit ja überhaupt für die Medizin bzw. die medizinische Forschung.

Und in diese schöne Harmonie hinein, hören wir Jesus sagen, mit all eurer Mühe könnt ihr euer Leben nicht um einen Tag verlängern. Gemein, oder?

So ein Spielverderber.

Und Ähnliches sagt er auch, wenn es um unsere Altersvorsorge geht: Sammelt euch Schätze im Himmel. Wo kein Dieb sie stehlen kann.

Naja, mein Geld ist ja zumindest sicher. Das hab ich ja auch nicht im Sparstrumpf oder unter der Matratze. An meins kommt kein Dieb dran.

Allerdings haben schon so einige Menschen, im guten Glauben sich dauerhaft Werte zu schaffen, ihr Geld persönlich den Dieben in die Hand gegeben. Und standen auf einmal mit leeren Händen da. Die Diebe kommen heute nicht mehr mit Augenmaske, die kommen durchaus auch in Anzug und Krawatte.

Oder folgender Fall: Da spart sich jemand ein Leben lang alles vom Munde ab, um es sich irgendwann mal richtig gut gehen zu lassen. Leider stirbt er vorher als reicher Mann. Auch dieses Beispiel wird im Evangelium genannt. Für mich der Super Gau, der größte anzunehmende Unfall:
Nichts vom Leben gehabt und im Himmel leider auch „kein Bonus".

Und dann wird man noch veralbert: Seht die Vögel des Himmels. Sie säen nicht und ernten nicht und leben doch. Das Federvieh rührt keinen Finger und bekommt alles hinterher geworfen.
Ach was sollen diese Gedanken? Ich bin ja schließlich mein eigener Herr, ich muss mich nicht rechtfertigen.

Darum geht es auch nicht. Aber die Frage sei erlaubt: Welchem Herren dienen wir eigentlich, wenn wir uns von Angst und Sorge leiten lassen?

Und wieder hören wir Jesus: „Martha, du machst dir viele Sorgen, aber nur eins ist wichtig: Maria hat das bessere Teil erwählt".
Will Jesus uns ärgern?

Ich glaube nicht. Ich glaube, dass es ihm darum geht, dass wir wirklich etwas aus unserem Leben machen, nach dem Motto: Sorgst du dich noch, oder lebst du schon?

Jesus sagt uns ja was er für uns will: Dass wir das Leben in Fülle haben. Dass wir unser Leben gutheißen können, dafür dankbar sein können, dass wir uns trotz allem über unser Leben von Herzen freuen können.
Und dass diese Freude sogar über unser irdisches Leben hinaus eine unvergängliche Freude bleiben kann, sogar dem Tod zum Trotz!

Echte Lebensqualität auf Erden und echte Lebensqualität im Himmel.
Das kann man als Spinnerei abtun und es gibt Leute, die das von uns Christen behaupten. Aber das ist es nicht.
Jesus zeigt uns, wie wir grundsätzliche Schätze anlegen können. Wie wir Lebensqualität auf Erden und im Himmel bekommen können.

Das geht eben nicht indem wir Schätze horten. Denn dann ist der sogenannte schnöde Mammon ein Götze unser Herr und der hat noch niemand glücklich gemacht, dauerhaft gerettet. Im Gegenteil, es besteht immer die Gefahr, dass uns dieser Reichtum zu Knechten macht, wenn wir unser Herz an ihn hängen.

Dagegen gewinnt unser Leben da an Qualität, wo wir mit anderen teilen. Die Freude darüber, wenn man wirklich etwas Gutes getan hat, vielleicht ein echtes Opfer gebracht hat, ist mit Geld nicht aufzuwiegen. Und es scheint, als ob man sich so wirklich bleibende, ewige Werte schaffen könnte.

Jesus ist sicher kein Spielverderber, im Gegenteil. Und er will sicher nicht kleinkarierten Gehorsam einfordern, wenn er auf den wahren Herrn hinweist.
Gott meint es von Herzen gut mit uns. Und er ist der einzige Herr, der uns nicht versklavt, sondern uns von sich aus Freunde nennt.
Das Evangelium ist eine Arznei gegen die Angst und übertriebene Sorge. Deshalb erfahren wir darin auch immer wieder von den Wundern Jesu. Damit wir glauben können, dass Gott die Macht hat alles zum Guten zu wenden.
Gott will, dass wir Frucht bringen, an die wir unser Herz hängen dürfen, weil diese Frucht zuverlässig ist und bleibt und zu dauerhafter Lebensqualität führt.

15. Sonntag im Jahreskreis   Mt 13, 1-23

Welche Haltung nehmen sie gegenüber Gott ein? Eine wichtige Frage, die sich jeder von uns immer wieder mal stellen sollte!

Ist Gott für sie wirklich der Herr, oder gehören Sie gar zu denen, die sein Wort für unerträglich halten, wie es schon manche Zeitgenossen Jesu öffentlich geäußert haben?

Selbst wenn das so wäre, wäre das noch nicht schlimm, das darf man auch mal. Jesus ist kein Gleichmacher, der jedem seinen Willen aufdrängt. Die Frage ist aber, wie reagieren sie dann, wenn ihre Meinung, ihre Wünsche, ihr Wille mal ganz offensichtlich im Widerspruch zu Jesu Willen steht?
Wie verhalten sie sich dann?

Es fällt niemand leicht sich unterzuordnen, über den eigenen Schatten zu springen, den inneren Schweinehund zu überwinden, sich selbst vielleicht etwas vom Munde abzusparen, Verzicht zu üben, und das nur um Jesus gerecht zu werden. Auch das ist nicht schlimm, keiner von uns ist vollkommen. Man muss vor Jesus keine Angst haben.

Es wird aber zum Problem, wenn es zur Gewohnheit wird, wenn es dem Menschen zur zweiten Natur wird.
Dann ist man schnell beim nächsten Schritt:
Man beginnt sich heraus zu reden. Faule Ausreden zu suchen, wie z.B.:
Jesus meint es ja gar nicht so, wie es da steht. Die Bibel sagt ja was ganz anderes. Und plötzlich meint die Bibel immer genau das, was mir passt: Wirklich Praktisch!

Das läuft hinaus auf Bibelfälschung. Aus dieser Haltung heraus hat sich eine ganze Wissenschaft entwickelt, die ihre -zweifelsohne immense- Intelligenz nur noch darauf verwendet, die Heilige Schrift und Jesu Willen den allgemeinen Wünschen anzupassen. Da drängt sich mir die Frage auf: Wer ist denn hier eigentlich der Herr?

Manchmal wird auch versucht zur Begründung die Naturwissenschaft zu bemühen. Man behauptet, dass nur wahr ist, was naturwissenschaftlich begründbar ist. Da frage ich mich: *Wofür dann noch glauben?*
Ganz besonders bemerkenswert finde ich außerdem: *Warum gibt es eigentlich mehr fromme Naturwissenschaftler als fromme Bischöfe?*

Man argumentiert auch gerne: Biblische Texte sind ja viel zu kompliziert und haben gar nichts mit der Lebenswirklichkeit des Menschen zu tun.
Wer das behautet, hat entweder die Bibel noch nie an sich rangelassen oder keine Ahnung von den Menschen.

Man kann immer wieder unmittelbar erfahren, dass niemand uns so nahe ist, uns so gut versteht, wie Jesus in seinem Evangelium. Man muss sich nur mal die Mühe machen es in Ruhe zu lesen und unvoreingenommen auf sich wirken zu lassen.

Wer das nicht will und den Weg des Selbstbetruges weitergeht, hat irgendwann wahrscheinlich keine Lust mehr zu argumentieren. Irgendwann wird die Bibel grundsätzlich geleugnet. Und es kommt vor, dass solche Menschen sehr ungehalten werden, wenn andere sie an die Hl. Schrift erinnern. Sie wollen nicht mehr damit behelligt werden. Sie können das nicht mehr ertragen.
Jesus hat Recht, zu solchen Menschen kann man nur noch in Gleichnissen sprechen. Sie wollen nicht mehr zur Einsicht kommen, ihr Herz ist verhärtet, sie wollen sich nicht bekehren. Jesus soll sie nicht heilen, Jesus soll nicht Recht haben. Jesus soll nicht der Herr sein.

Anders seine Jünger und Jüngerinnen. Diejenigen, die gemerkt haben, dass man mit Jesus im Leben sehr gut fährt. Die gemerkt haben, dass er wirklich gute Ratschläge gibt, dass es sinnvoll ist ihm zu folgen.
Dass ich mir selbst den größten Gefallen tue, wenn ich ihm gehorche.

Mit ihm als Herren kann man gut leben!
–unter uns gesagt: *Wenn alle Herren so wären wie er, gäbe es keine Revolutionen-*
In seiner spürbaren Gegenwart kann man sich wirklich wohl fühlen. Bei ihm allein kommt meine Seele zur Ruhe.
Man kann erahnen, was Jesus meint, wenn er sagt: *Selig seid ihr, denn ihr erlebt wonach sich Propheten und Gerechte seit Menschengedenken sehnen.*

All das entscheidet sich an der Eingangsfrage:
Wer ist Jesus für mich?

Ist er mein Herr und damit weisungsbefugt, oder bin ich selbst der Herr? Oder sogar ganz andere?

Nebenbei bemerkt: Gerade *Jesus allein will selbstbestimmtes Leben fördern*. Augustinus sagte schon vor Jahrhunderten: *Liebe, und tu was Du willst!* Jesus als Herrn anzuerkennen heißt wirklich den Weg in die Freiheit zu wählen.

Das heißt: Alle meine Hemmungen werden fallen in dem Maße in dem ich eigenverantwortliches Leben im Sinne christlicher Liebe lerne. Keine Macht der Welt kann das aufhalten, nur wir selbst.

Gottes Geist wirkt nicht wie eine Tablette, einmal geschluckt, gehen die Kopfschmerzen weg. Gott ist faszinierend und wer ein bisschen von ihm kostet, will da mitmachen, will sich hingeben, lernt selbst zu lieben.

Und damit das Wort Gottes in uns wirksam werden kann und 30, 60 oder 100fache Frucht bringen kann, müssen wir uns selbst immer wieder als guten Boden bereiten. Wie das jeder Bauer vor der Aussaat tut.

Es gibt auch in der Kirche zu viele Fälle, wo das Wort Gottes *auf den Weg* fällt und wir Gott nicht genügend um echtes Verständnis bitten.
Es gibt zu viele Fälle, wo es *auf Felsen* fällt, und wir es zunächst euphorisch aufnehmen, aber uns in der unchristlichen Gesellschaft schnell davon distanzieren.
Es gibt genügend Fälle, wo es *in die Dornen* fällt und wir das Wort Gottes selbst um seine Kraft bringen, weil wir nicht glauben, dass es uns in Sorgen und Nöten weiter hilft, oder weil weltlicher Reichtum und Sattheit uns abstumpfen.

Nur da, wo wir sein Wort, in uns selbst, immer wieder gegen innere und äußere Feinde verteidigen, da kann es in uns fruchtbar werden und reiche Frucht bringen.

Wo das geschieht, wird uns die größte denkbare Ehre zu Teil: Da werden du und ich zum *Vermittler des Erlösungsgeschehens*, da werden Du und ich zum *Helfer, zur Helferin bei der Erlösung.*

Mehr kann man in seinem Leben nicht erreichen.

16. Sonntag im Jahreskreis   Mt 13, 24 -43

Wenn man sich so die Welt anschaut, könnte einem ja wirklich manchmal der Kragen platzen. Überall Krieg und Leid, Krankheit und Tod. Ständig Ärgernisse, alles geht irgendwie den Bach runter. Und es kann ja bekanntlich der Beste nicht in Frieden leben, wenn es dem Bösen Nachbarn nicht gefällt, nicht wahr?
Warum soll ich mich denn eigentlich noch bemühen, wenn sich ja ansonsten auch keiner Mühe gibt?
Wenn man der Weisheit dieser Welt glaubt, dann müsste man es mit der Pop-Gruppe die Prinzen halten, die schon vor Jahren gesungen haben: Du musst ein Schw… sein in dieser Welt, damit du zu was kommst in der Welt. Nicht immer der Dumme sein: Ich bin doch auch nicht blöd!

Wie dem auch sei, ich glaube, es ist nicht allzu schwer, das heutige Evangelium in unsere Welt zu übersetzen: Mitten im Guten Weizen wächst dreist überall Unkraut.

Klar, der Weizen ist all das, was wir gut finden. Das Unkraut sind die Ärgernisse, das Leid, all das wirklich Überflüssige, dass man sich wirklich sparen könnte.
Ach, was solls? Sagen wirs doch direkt: All die Zumutungen, die Gott uns ersparen könnte, wenn er seinen Ruf als lieber Gott behalten will.

Aber, das Gegenteil ist der Fall. Jesus legt ja fast ein Plädoyer für das Unkraut ab. Wir sollen mal schön die Finger davon lassen, weil wir sonst den Weizen mitausreißen.
Ja sind wir denn blind? Sind wir so wenig kompetent? Woran es in unserer Welt mangelt merkt ja wohl jeder. Das Unkraut ist doch wirklich klar, oder?

Wahrscheinlich ist es besonders klar an den Stammtischen der Nation. Denen sagt man oft nach, dass die besonders gut Bescheid wissen.
Naja, selbst den Stammtischbesatzungen gegenüber muss man sich wohl fairerweise zurückhalten. Auch da scheinen mir immer Weizen und Unkraut zu begegnen.

Das scheint mir eigentlich in jedem Menschen so, vielleicht sogar in allen Dingen. Der Volksmund sagt nicht umsonst „alles hat Vor- und Nachteile". Sogar Jesus selbst will nicht als gut bezeichnet werden, allein den Vater im Himmel nennt er gut.

Wenn wir ehrlich sind, dann finden wir zwar vieles gut und schlecht, ob das allerdings deckungsgleich mit Unkraut und Weizen ist, da können schon Zweifel aufkommen.

Allein in der Geschichte, gab es ja schon viele, die behauptet haben, dass sie genau wissen, was Unkraut und was Weizen ist. Und je radikaler sie das

Unkraut ausrissen, desto unmenschlicher, desto barbarischer und blutrünstiger wurde das.

Ich schätze, der Mensch sollte wirklich eher zurückhaltend vorgehen. Die Welt ist viel komplexer, als uns die starken Männer der Geschichte, zu denen sich mittlerweile auch starke Frauen gesellt haben, erzählen wollen.
Da ist Behutsamkeit sicherlich wieder mal ein guter Rat von unserem Jesus.

Diese Behutsamkeit kommt uns allen zugute. Jeder von uns hat doch auch immer Unkraut in sich, hat immer Umkehr nötig. Jesus will nicht, dass das Unkraut in Ruhe wachsen kann. Er will nicht unsere Zumutungen verlängern.
Jesus will dem Weizen Zeit geben in Ruhe zu wachsen. Er hat Geduld mit uns und lässt Gott selbst unser Unkraut ausreißen, damit wir ganz guter Weizen werden.
Deshalb ist es guter, christlicher Brauch nicht mit dem Finger auf andere Leute zu zeigen, sondern auf die eigene Brust zu schlagen, nur vor der eigenen Tür zu kehren.

Und oft sind wir sogar überfordert damit zu beurteilen, was noch Unkraut und was schon Weizen ist. Manch einer wägt sich in falscher Sicherheit: „Ich hab doch keinen umgebracht!" Andere dagegen klagen sich unnötigerweise selbst an: „Herr sei mir armen Sünder gnädig!"

Und sogar, damit wir nicht ständig grübeln müssen und Angst haben müssen, was denn nun der Weizen und was das Unkraut ist, sagt Jesus: Macht euch keine Gedanken darum, lasst einfach wachsen. Macht euch nicht selbst verrückt.

Schon Paulus hat gesagt, wir wissen gar nicht, worum wir in rechter Weise beten sollen. Sogar das tut Gottes Geist für uns. Sein Geist betet in uns und tritt mit unaussprechlichen Seufzern für uns ein.

Sein Geist erforscht jedes Herz. Nicht um uns auszuspähen, wie die NSA. Sondern um präzise zu analysieren, wo wir noch Unkraut sind oder schon aus gutem Weizen bestehen. Aufgrund dieser Analyse tritt der Geist ganz individuell für jeden von uns ein, genauso, wie Gott es in jedem Einzelfall für optimal hält.

Machen wir zum Schluss noch ein kleines Experiment. Ich stelle jetzt eine Frage und bitte dabei jeden von ihnen mal ganz aufmerksam wahrzunehmen, wie sie auf diese Frage reagieren.

Versuchen sie nicht darüber nachzudenken, sondern betrachten sie nur ihre unmittelbaren Gefühle. Sie müssen ganz gut aufpassen, dieser Moment dauert nur Millisekunden, dann drängt sich in der Regel sofort der Verstand auf. Das soll gerade nicht sein.

Sind sie bereit? Die Frage lautet:

Was glaubst du gerade, was Gott für dich persönlich will?

Egal was sie jetzt erlebt haben. Selbst wenn es Misstrauen, Angst oder Unsicherheit waren. Sie brauchen an Gott nicht zu verzweifeln. Das, was sie gerade empfunden haben, ist lediglich ihre eigene momentane Haltung gegenüber Gott. Die ist abhängig von allem, was sie bis jetzt erlebt haben. Ihre individuelle Zusammensetzung von Unkraut und Weizen.

Worüber sie sich aber immer sicher sein dürfen. Gott setzt in Liebe genau dort an, mit einem Heilsplan, der individuell auf sie zugeschnitten ist.

Und selbst wenn dein eigenes Herz dich anklagt, fürchte dich nicht, denn Gott ist viel größer als dein Herz.

21. Sonntag im Jahreskreis   Mt 16, 13 - 20

Für wen halten die Leute den Menschensohn? Für wen halten Sie Jesus?
Eine 2000 Jahre alte Frage zwar, die allerdings sogar innerkirchlich bis heute nichts an Aktualität verloren hat.

Interessant finde ich, dass Jesus zuerst nach den Leuten fragt, nach irgendwelchen Leuten und ihrer Meinung über ihn. Sie sagen: Jesus ist Johannes der Täufer, er ist Eliah oder sonst einer der Propheten.
Das heißt: Jesus ist für sie nicht der menschgewordene Gott, sondern lediglich einer von seinen Boten, einer von Vielen.

Wahrscheinlich würden wir heute dieselben Antworten erhalten,
wenn wir heute fragen, für wen halten die Leute Jesus?
Wenn wir Muslime fragen, wäre genau das die Antwort.
Muslime verehren Jesus durchaus auch, aber sie geben vor zu wissen, dass er eben nicht Gottes Sohn, sondern nur ein Bote Gottes, ein Prophet gewesen ist.
Sie behaupten sogar, dass die Kirche die Bibel dahin gehend gefälscht hätte.

Jesus fragt danach Petrus. Sicherlich ein Jünger, der ihm sehr nahe stand.
Jemand, dem Jesus viel zugetraut hat: „Auf dich will ich meine Kirche bauen".

Ich schätze, Jesus und Petrus waren Freunde. Unabhängig davon, dass auch Petrus, wie wir alle, nicht vollkommen war.

Jesus hätte also auch fragen können: Für wen haltet Ihr mich, meine Freunde?
Die mich oft begleitet haben?
Die viel Zeit mit mir verbracht haben?
Ihr, die ihr mich gut kennt?
Und einer seiner Freunde sagt klipp und klar:
Du Jesus bist nicht einfache ein Bote. Du bist wirklich der Sohn Gottes. Der Messias, der alles gut machen wird.

Und Jesus reagiert erstaunlich darauf.
Er sagt, dass man diese Erkenntnis gar nicht von Menschen bekommt und sie auch nicht aus Heiligen Büchern herauslesen kann.
Wenn man es auf die Spitze treiben will, käme es noch nicht mal darauf an, ob die Bibel gefälscht ist oder nicht.

Unter uns gesagt. Ich glaube nicht, dass sie gefälscht ist.
Und wenn man den aktuellen Forschungsstand betrachtet, gibt es kein anderes historisches Ereignis, das älter als 500 Jahre ist, das so gesichert ist, wie das Leben unseres Herrn Jesus Christus.

Und man muss der katholischen Kirche, nach intensiver Prüfung zugestehen, dass sie äußerst verantwortungsvoll mit der Hl. Schrift umgeht und der gelehrte katholische Glaube sehr wohl mit der Bibel im Einklang steht.

Ich glaube also nicht an diese Fälschungstheorie, die uns vom Islam vorgeworfen wird. Meines Erachtens ist die nicht haltbar.

Aber selbst wenn, dann hilft uns der Satz Jesu weiter:
„Selig bist du Simon Petrus, denn nicht Menschen -oder das lesen in Büchern- haben Dir diesen Glauben an mich den Sohn Gottes geschenkt, sondern der himmlische Vater selbst hat das getan.

Und ich persönlich kann behaupten, dass man auch heute diese Erfahrung machen kann! Mir erging das selbst so. Mir wurde dieser grundlegendste christliche Glaube geschenkt.
Und damit die Zuversicht, dass wir uns in unserem Jesus nicht getäuscht haben.

Dazu muss man selbst zum Freund Jesu werden, wie Petrus.
Das bedeutet nicht rührselige, schmusige Gefühle zu wecken.
Freundschaft bedeutet zuerst den Anderen ernst nehmen.
Zu hören, was er zu sagen hat. Im eigenen Leben zu überprüfen, ob seine Botschaft trägt.
Und ganz besonders, ob seine Ansichten zu dem passen, was ich unter Liebe verstehe.
Eine Freundschaft, die unterschiedliche Ansichten über das hat, was Liebe ist, hält sicher nicht lange.

Wenn ich zu diesem ersten Schritt bereit bin, werde ich früher oder später mein Leben in einem neuen Licht sehen.
Das wird mir gut tun. Ich werde lauter kleine Wunder erleben, die aus einem Anfangsverdacht heraus -Könnte das vielleicht der Messias, der Heiland sein?- mit der Zeit immer mehr Zuversicht und festen Glauben werden lassen: Ja, da scheint wirklich was dran zu sein! Ja, ich glaube, dass Jesus wirklich einzigartig und der Sohn Gottes ist!"

Warum ist das so wichtig?

Weil nur Jesus sich barmherzig den Armen und Schwachen annimmt.
Weil nur er gesagt hat: Ich bin unter euch wie einer der dient.
Weil nur er unmissverständlich sagt: Wenn du auf die rechte Wange geschlagen wirst, halte auch die linke hin.
Vergebe deinem Nächsten 7 mal 77 mal. Und so weiter und so fort.

Nur Jesus offenbart uns Gott, als guten und liebenden Vater, der nichts anderes mehr tut als das ganze Elend dieser Welt weg zu lieben.

Das braucht seine Zeit. Aber „Macho-Gottesbilder" haben wir schon genug. Wir erleben es leider momentan gerade wieder im Nordirak durch Leute, die sich sogar Gotteskrieger nennen.

Wir erleben es im Gazastreifen. Auch der Konflikt ist religiös motiviert und zeugt letztlich von unversöhnlichen Gottesbildern.
Die einzige heilsame Botschaft, die Medizin für all diese traurigen Dinge ist der wahre Gott.
Der für uns Mensch geworden ist und das allein in Jesus.

Es kommt hier nicht auf die Frage an: Wer hat Recht.
Aber es kommt darauf an Jesus konsequent zu folgen.
Denn Jesus allein lehrt notwendige Standards, die für ein gelingendes Miteinander absolut unverzichtbar sind.

Mit Jesus allein können alle Menschen leben. Für mich der tiefste Beweis dafür, dass er wirklich der Sohn Gottes ist.

23. Sonntag im Jahreskreis — Mt 18, 15 - 20

Wenn dein Bruder sündigt, dann weise ihn zurecht. Hört er auf dich, hast du ihn zurück gewonnen.

Mache ich sowas? Oder kommt sowas in meinem Leben eher nicht vor. Dann wird es Zeit sich darüber Gedanken zu machen, denn es könnte fragwürdige Gründe geben, warum ich meinen Bruder/meine Schwester nie zurechtweise.

Vielleicht hab ich nur Brüder und Schwestern, die niiiieee sündigen. Herzlichen Glückwunsch! Denn es heißt nicht von ungefähr: „Sage mir mit wem du gehst und ich sage dir, wer Du bist!"

Oder vielleicht gibt es ihrer Meinung nach sowas wie Sünde gar nicht. Das könnte allerdings zwei Ursachen haben. Streng genommen drei, aber die dritte, dass sie und ihre Mitmenschen bereits alle im Himmel leben, fällt ja doch eher weg, solange sie noch auf der Erde sind.

Die zweite Ursache wäre dann, dass sie mit dem Begriff Sünde gar nichts anfangen können, weil es vielleicht ein altmodischer Begriff ist oder weil ihn noch nie jemand erklärt hat. Ich glaube man kann ihn allgemein gut verstehen.
Wenn Jesus uns das ewige Leben verspricht, dann ist Sünde alles an Gedanken, Worten und Werken, an falschen Haltungen, die diesem ewigen Leben mehr oder weniger stark im Weg stehen.
Wobei Jesus, wenn er vom ewigen Leben spricht, die ewige, unauflösbare und volle Gemeinschaft mit Gott meint. Man kann auch sagen, Sünde ist alles, was diese Gemeinschaft behindert, schädigt, oder vernichtet.

Die dritte Ursache, warum es in ihrem Umfeld keine Sünde gibt, ist eine, die meines Erachtens einem Christen nicht gut zu Gesichte steht. Ich meine, wenn es ihnen egal wäre, was mit ihrem Bruder und Schwester los ist und sie einfach die Augen verschließen, vielleicht um ihre Ruhe zu haben.
Das fände ich traurig und das hätte was von der uralten Haltung Kains:
„Bin ich denn der Hüter meines Bruders?"

Jesus ist da ganz anders drauf: „Sei aufmerksam und einfühlsam und wenn einer Deiner Mitmenschen auf dem falschen Weg ist. Sprich mit ihm. Rede ihm gut zu, in der Hoffnung, dass er einsichtig ist und umkehrt."

Aber ist das nicht ein bisschen spießig, auf die Sünden der anderen zu gucken. Ist das nicht eigentlich alles abhängig von der jeweiligen Gesellschaft? Vor 100 Jahren hatte man nun mal andere Ansichten, als heute. Heute sind wir doch viel freier.

Mag sein, dass das in mancherlei Hinsicht gilt. Aber lassen sie mal ganz ehrlich allein folgenden, alten Satz auf sich wirken: „Was du nicht willst, das man dir tu, das füg auch keinem anderen zu." Dann merken sie sicher sofort, dass auch für sie bestimmte Verhaltensweisen grundsätzlich gültig sind.

Oder denken sie an Werte wie Ehrlichkeit, Treue, Zuverlässigkeit, Freundlichkeit usw.. Ohne diese Werte wäre ein geordnetes Zusammenleben nicht denkbar, weder vor 100 Jahren noch heute.

Egal in welcher Zeit wir leben, es geht immer darum, dass die Menschen zu Gott finden.
Mit Gott ist es wie mit dem Schatz im Acker. Wer einmal dran getippt hat, einmal den Schatz nur von Weitem gesehen hat, einmal ein bisschen von Gott gekostet hat, der will mehr davon.

Wer von Gott noch nichts erfahren hat, der muss zumindest immer wieder mal auf diese Möglichkeit hingewiesen werden, weil man sicher sein kann, dass ihm ohne Gott das Beste im Leben entgeht.

Und selbst wenn all die aufgezählten Punkte mit Ihrem Leben jetzt so gar nichts zu tun hatten. Es gibt noch ein paar weit verbreitete Haltungen, die dafür verantwortlich sind, dass Menschen manchmal lieber den Bruder/ die Schwester sehenden Auges ins Verderben laufen lassen würden, als ihn zu hinterfragen:

Falsche Bescheidenheit: „Wer bin ich denn, dass ich da was sagen dürfte?" Diese Frage ist ab heute überflüssig geworden, denn wir haben soeben den Auftrag von Jesus erhalten, das zu tun, wenn es nötig ist.

Falsches Harmoniebedürfnis: „Och nee, dann ist der wieder ewig beleidigt!" Diese Möglichkeit kalkuliert Jesus ein. Er sagt zwar selbst, dass man dem Nächsten immer zeigen soll, dass man es gut mit ihm meint und ihn zunächst nicht bloßstellen soll.
Wenn er aber absolut nicht will, dann muss man auch Streit aushalten.

Unnötige Ängstlichkeit: „Ich bin mir da nicht so sicher, ich kann das doch gar nicht." Sie müssen ja nicht mit der Tür ins Haus fallen, manchmal kann man auch einfach mal ein Gespräch miteinander anfangen und dann sieht man weiter.

Und: Sie können das! Denn niemand ist perfekt, jeder kann nur sein jeweils Bestes geben. Und mit diesem individuellen Rüstzeug hat Gott genau sie an genau die Stelle ihres Lebens gesetzt.

Schon Mose hat vor Gott gejammert „Ich kann gar nicht reden!".
Für Gott ganz egal, er schickte Mose bekanntlich zum damals mächtigsten Herrscher, dem Pharao.
Und die Bibel ist voll von solchen „Mut mach Geschichten".
Haben sie keine Angst!

Ich bin ganz sicher: Sie bekommen das freundlich, wohlwollend und nicht belehrend hin. Und egal was das kurzfristig bewirkt, eins bleibt unbewusst beim anderen hängen: „Endlich mal jemand, dem ich nicht egal bin. Endlich mal jemand, der sich um mich Sorgen macht!"

Und selbst wenn der damit niemals offen rausrückt, das wirkt!
Das ist im Letzten nichts anderes als Liebe, die wirkt.

Printed by Books on Demand GmbH, Norderstedt / Germany